BEI GRIN MACHT SICH IHR WISSEN BEZAHLT

AF130067

- Wir veröffentlichen Ihre Hausarbeit, Bachelor- und Masterarbeit

- Ihr eigenes eBook und Buch - weltweit in allen wichtigen Shops

- Verdienen Sie an jedem Verkauf

Jetzt bei www.GRIN.com hochladen und kostenlos publizieren

Bibliografische Information der Deutschen Nationalbibliothek:

Die Deutsche Bibliothek verzeichnet diese Publikation in der Deutschen National-
bibliografie; detaillierte bibliografische Daten sind im Internet über http://dnb.d-
nb.de/ abrufbar.

Impressum:

Copyright © 2017 GRIN Verlag
Druck und Bindung: Books on Demand GmbH, Norderstedt Germany
ISBN: 9783668897243

Ole Vick

Gruppentraining. Planung einer Wirbelsäulengymnastik & Kursplananalyse

GRIN Verlag

Deutsche Hochschule für

Prävention und Gesundheitsmanagement

Hermann Neuberger Sportschule 3

66123 Saarbrücken

Einsendeaufgabe

Fachmodul:	Gruppentraining I
Studiengang:	Fitnessökonomie (BFÖ)
Studienort:	**Hamburg**
Semester:	**SS2017**

Inhaltsverzeichnis

1 Motorische Fähigkeiten im Kursbereich

Da die Motorischen Fähigkeiten im Gruppentraining eine tragende Rolle spielen, werden diese im folgendem kurz dargestellt und jeweils mit Beispielen erklärt.

1.1 Kraft

Martin, Carl & Lehnertz (1993, S. 102; zitiert nach Eifler, 2016, S. 21) sehen die Kraftfähigkeit als „konditionelle Basis für Muskelleistungen mit Krafteinsätzen, deren Werte über 30 Prozent der jeweils individuell realisierbaren Maxima liegen". Die Kraftfähigkeit kann sich unterschiedlich darstellen, insgesamt unterscheidet man in drei Subkategorien.

1. Maximalkraft
2. Kraftausdauer
3. Schnellkraft

Die Maximalkraft legt hierbei die Basis für die anderen beiden Kategorien, diese sind entscheidend von der Maximalkraft abhängig. Die Maximalkraft beschreibt die höchste Kraftentfaltung die bei maximaler willkürlicher Kontraktion vom Nerv-Muskel-System zu realisieren ist (Martin et al., 1993, S. 103; zitiert nach Eifler, 2016, S. 22). Die Kraftausdauer beschreibt die Ermüdungsresistenz der Muskeln unter Belastung, hierbei ist wichtig die Kraftausdauer von der Ausdauer zu differenzieren. Man spricht nur von Kraftausdauer wenn der Krafteinsatz über 30 Prozent der Maximalkraft beträgt. Die Schnellkraft beschreibt die Fähigkeit einen möglichst hohen Kraftstoß in kürzester Zeit zu erzeugen (Martin et al., 1993, S. 104; zitiert nach Eifler, 2016, S. 22).

Hinweis: Alle Übungen wurden aus der Übungssammlung von Ilias ausgesucht.

Seitstütz (Kräftigung der seitlichen Rumpfmuskulatur):

Ausgangsposition: Auf der Seite liegend, die Beine sind im Kniegelenk 90° gebeugt, die Unterschenkel auf dem Boden fixiert, der Oberkörper ist auf dem Unterarm abgestützt, welcher sich mit dem Ellenbogen direkt unter der Schulter befindet, der Kopf wird in Verlängerung der Wirbelsäule gehalten und der Blick ist nach vorne gerichtet.

Ausführung: Das Becken wird nun maximal nach Oben gehoben und wieder bis knapp über dem Boden abgesenkt.

Sätze, Wiederholungen & Kraftform: Festgelegt werden pro Seite zwei Sätze mit jeweils 25 Wiederholungen. Die Übung befindet sich bei im Kraftausdauerbereich.

Unterarmstütz (Kräftigung der Rumpfmuskulatur)

Ausgangsposition: Der Oberkörper wird auf die Unterarme gestützt, die Fußspitzen stehen auf dem Boden, die Beine und das Becken werden vom Boden angehoben, der Körper bildet dabei eine gerade Linie. Diese Position wird nun gehalten.

Ausführung: Es werden immer im Wechsel die Füße um eine Fußlänge angehoben.

Sätze, Wiederholungen & Kraftform: Festgelegt werden pro Seite 15 Wiederholungen in einem Satz. Insgesamt werden drei Sätze durchgeführt. Die Übung befindet sich im Kraftausdauerbereich.

1.2 Ausdauer

Ausdauer wird als die Fähigkeit definiert, einer Belastung die zu einer unüberwindbaren Ermüdung führen würde, sowohl physisch als auch psychisch möglichst lange zu widerstehen, und sich nach physischen oder psychischen Belastungen schnellstmöglich zu regenerieren (Zintl, 1997, S. 28; zitiert nach Eifler, 2016, S. 24).

Da die Ausdauer sehr vielseitig ist, lohnt sich eine weitere Präzisierung die unter bestimmten Vorrausetzungen die Ausdauer weiter untergliedern. Untergliederungen werden je nach Größe der eingesetzten Muskulatur (Allgemein und lokale Ausdauer), nach der Arbeitsweise der eingesetzten Muskulatur (dynamisch und statisch), und nach der Art der Energieversorgung der Muskeln (aerob und anaerob). Die Ausdauer kann auch je nach der Belastungsdauer in Kurzzeit-, Mittelzeit- und Langzeitausdauer untergliedert werden. (Eifler, 2016, S. 25)

Knee Lift:

Ausführung: Beim Knee Lift werden in aufrechter Haltung immer abwechselnd das Bein im Kniegelenk ca. 90° gebeugt und in Richtung des Rumpfes gezogen. Im Anschluss wird das Bein wieder neben dem Standbein abgestellt. Die Übung wird 90 Sekunden lang ausgeführt.

Ausdauerform: Diese Übung stellt eine lokale Ausdauerbelastung dar, die Energiebereitstellung erfolgt aerob, die Muskelarbeitsweise ist dynamisch und aufgrund der Belastungsdauer von 90 Sekunden liegt sie im Kurzzeitausdauerbereich.

Kick:

Ausführung: Beim Kick werden bei aufrechter Haltung immer abwechselnd, die Beine mit gebeugtem Knie angehoben und nach vorne gekickt. Über eine leichte Beugung des Kniegelenks, wird das Bein im Anschluss wieder in die Ausgangsstellung gebracht. Die Übung wird 180 Sekunden ausgeführt.

Ausdauerform: Diese Übung stellt eine lokale Ausdauerbelastung dar, die Energiebereitstellung erfolgt aerob, die Muskelarbeitsweise ist dynamisch und aufgrund der Belastungsdauer von 180 Sekunden, befindet sich die Übung im Mittelzeitausdauerbereich.

1.3 Beweglichkeit

Die Beweglichkeit kann folgendermaßen definiert werden: „Beweglichkeit ist die Fähigkeit, Bewegungen willkürlich und gezielt mit der erforderlichen bzw. optimalen Schwingungsweite der beteiligten Gelenke ausführen zu können" (Martin et al, 1993, S. 214; zitiert nach Eifler, 2016, S. 28).

Verschiedene Faktoren können die Beweglichkeit beeinflussen. Maßgeblich sind Anthropometrische, Personenspezifische und Äußere Einflussfaktoren.

Beispiele der Anthropometrischen Einflüsse wären unter anderem die **Gelenkigkeit** und die **Dehnfähigkeit**. Von den Personenspezifischen Faktoren beispielsweise das **Alter** oder das **Geschlecht**. Äußere Einflüsse sind z.B. Die **Tageszeit** oder die **Temperatur**.

Dehnung der Brustmuskulatur im Stand (dynamisch):

Ausführung: Die Ausgangsposition ist der aufrechte Stand. Die Hände werden hinter dem Rücken verschränkt und angehoben. Der aufrechte Stand wird hierbei nicht verlassen und die Schulter hängen tief. Damit die Übung dynamisch ist, werden die Arme im nach dem anheben abgesenkt und wieder angehoben. Durch senken der Arme in neutrale Position wird die Dehnposition wieder verlassen.

Dehnmethode: Die Übung soll aktiv-dynamisch durchgeführt werden. Aktiv durch die Anspannung des breiten Rückenmuskels (Antagonist des großen Brustmuskels), und dynamisch durch den Wechsel von An- und Entspannung (heben und senken der Arme).

Dehnung der Rückenstrecker (dynamisch):

Ausführung: Ausgangsposition ist der Vierfüßlerstand. Durch Anspannung der Bauchmuskulatur und maximal mögliches nach oben wölben der Wirbelsäule, wird die Dehnposition eingenommen. Damit die Übung dynamisch ist, wird die Anspannung der Bauchmuskulatur gelockert, sowie die Wirbelsäule nach unten gestreckt, um danach wieder Anspannung im Bauch und die Wölbung der Wirbelsäule nach oben hin auszuführen. Durch entspannen der Bauchmuskulatur sowie der Rückführung der Wirbelsäule in neutrale Position wird die Dehnposition wieder verlassen.

Dehnmethode: Die Dehnung ist aktiv-dynamisch, durch das anspannen des Antagonisten der Rückenstrecker, sowie der An- und Entspannungsphasen während der Dehnung.

1.4 Koordination

Das Zusammenspiel des Zentralen Nervensystems und der Skelettmuskulatur innerhalb eines Bewegungsablaufes wird als Koordination bezeichnet (Hollmann & Hettinger, 1990, S. 143; zitiert nach Eifler, 2016, S. 32).

Die Koordination wird weiterhin in die Bereiche der Intramuskuläre und Intermuskuläre Koordination untergliedert, welche im folgendem beschrieben werden.

Intramuskuläre Koordination: Bei der Intramuskulären Koordination ist das Ziel, bei einer Bewegung, möglichst viele motorische Einheiten innerhalb eines Muskels zeitgleich zu aktivieren. Es handelt also von dem Zusammenspiel zwischen Nerven und Muskelfasern innerhalb eines Muskels (Eifler, 2016, S. 33).

Intermuskuläre Koordination: Die Intermuskuläre Koordination beschreibt hingegen das Zusammenspiel aller Muskeln, die an einer Bewegung beteiligt sind. Das Ziel ist es, dass Zusammenspiel von Agonisten, Synergisten und Antagonisten innerhalb einer Bewegung zu optimieren. Dies ist maßgeblich bei komplexen Übungen erforderlich, bei denen viele Muskeln zeitgleich arbeiten (Eifler, 2016, S. 34).

Diagonales Arm- und Beinheben im Vierfüßlerstand:

Die Ausgangsposition ist der Vierfüßlerstand. Bei dieser Übung werden immer im Wechsel die diagonal liegenden Arme und Beine vom Boden angehoben und in Verlängerung des Rückens ausgestreckt. Im Anschluss werden die Beine und Arme gebeugt und unter dem Bauch zusammengeführt, bevor sie in ihre Ausgangsposition zurückkehren. Der Blick bleibt während der gesamten Ausführung zum Boden gerichtet.

Kniebeuge:

Ausgangsposition ist der Stand. Die Beine sind gerade bis leicht nach außen rotiert und über Hüftbreit aufgestellt. Die Kniegelenke werden nun bis ca. 80° gebeugt, wobei das Gesäß nach hinten geschoben wird. Die Knie zeigen in eine Richtung mit den Zehenspitzen. Die Wirbelsäule wird in einer neutralen Position gehalten. Im Anschluss werden die Beine wieder bis zur Ausgangsposition gestreckt.

2 Externe Bedingungen einer Kurseinheit

Die Planung einer Kursstunde, kann durch viele Dinge beeinflusst werden, im folgendem werden einige Beispiele genannt.

Rahmenbedingungen: Wichtig für die Kursplanung eines Trainers ist es zu wissen, womit er während des Kurses arbeiten kann. Wichtig sind hierbei die **Räumlichkeiten.** Denn ist der Kursraum sehr klein, beschränkt dies möglicherweise raumgreifende Übungen. Außerdem spielt die Raumgröße im Verhältnis zur Gruppengröße eine tragende Rolle, denn alle Teilnehmer sollten ausreichend Platz zur Verfügung haben. Weiterhin spielt die **Ausstattung** des Kursraumes eine wichtige Rolle. Der Kurs sollte so geplant werden, dass alle Teilnehmer eventuell benötigtes Material zur Verfügung stehen haben. In einem Step-Aerobic Kurs sollten optimaler Weise alle Teilnehmer einen Stepper haben. Sollte nicht ausreichend Material verfügbar sein, können Personen nicht am Kurs teilnehmen (Eifler, 2016, S. 70)

Zielgruppe: Um Kurse von ihren Inhalten her besser auf die Teilnehmer abstimmen zu können, werden Zielgruppen festgelegt. Dies geschieht, damit Teilnehmer nicht unter- oder überfordert sind, und sich niemand ausgegrenzt fühlt. Im Vorfeld eines Kurses sollte eine maximale **Gruppengröße** angegeben werden. Dies dient der Planung, dass jeder Teilnehmer ausreichend Platz und Material zur Verfügung hat. Des Weiteren spielt die Gruppengröße eine tragende Rolle in Kursen in denen der Trainer viel Wert auf technische Korrekturen legen muss, beispielsweise in Gesundheitsorientieren Kursen. Um Inhalte besser auf die Zielgruppe anzupassen, ist es sinnvoll Kurse in **Leistungslevel** einzuteilen. Hierdurch wird sichergestellt, dass Einsteiger die Basisschritte und Übungen erlernen können, ohne von bereits Fortgeschrittenen Teilnehmern eingeschüchtert zu sein. Für Fortgeschrittene liegt der Vorteil in der höheren Anforderung, wenn sie nicht jedes Mal die Basisübungen und Schritte wiederholen müssen, sondern sich mit komplexeren Übungen beschäftigen können (Eifler, 2016, S. 71-72).

Zielsetzung: Damit in jeder Kursstunde ein erkennbarer ‚Roter Faden' verläuft, ist eine Zielsetzung vor jeder Stunde unerlässlich. Eine Stunde sollte stets mit einem Ziel behaftet sein, auf welches die gesamte Stunde ausgerichtet ist. Der Hauptteil beeinflusst hierbei maßgeblich das Warm-Up und Cool-Down. Die Zielsetzung sollte hierbei auf die Zielgruppe ausgerichtet sein, so sollte man mit Anfängern keine komplexen Übungen für Fortgeschrittene durchführen. Ebenso sollte die Zielsetzung klar kommuniziert sein, wie z.B. durch eine Unterteilung in Anfänger und Fortgeschrittenen Kurse. Allgemein werden im Kurstraining langfristige-allgemeine Ziele verfolgt wie die Steigerung der sportlichen Leistungsfähigkeit. Allerdings sollte auch jede Stunde kleinere kurzfristige Ziele beinhalten wie das erlernen neuer Schritte oder kleineren Choreographien (Eifler, 2016, S. 72).

3 Kursplananalyse

Damit der Kursbereich einer Sporteinrichtung funktioniert, muss ein gut durchdachter und sinnhafter Kursplan erstellt werden. Im folgendem wird ein Kursplan aus wirtschaftlicher, organisatorischer und trainingswissenschaftlicher Sicht untersucht.

Kursplan gültig ab Oktober 2017

Montag	Dienstag	Mittwoch	Donnerstag	Freitag	Samstag	Sonntag
		Pilates 09.00 – 10.00 Lars		Workout 10.00 – 11.00 Nicole		
						Zumba 12.00 – 13.00 Robet
Core-Yoga 17.00 – 18.00 Heike Ab dem 09.10.17- 31.12.17						STRONG by Zumba 13.00 – 14.00 Robet
Power-Yoga 18.00 – 19.00 Heike Ab dem 09.10.17- 31.12.17	Physio - Fit 17.40 – 18.40 Tanja	Zumba 18.00 – 19.30 Michelle	Langhantel Workout 18.00 – 19.00 Tanja	Piloxing 18.00 – 19.00 Bianca Start 06.10.17		Starker Rücken 16.00 – 17.00 Ayse Start 06.10.17
	Boot - Circle 18.45 – 19.45 Tanja	Vinyasa-Yoga 19.30 – 21.00 Heike	Pilates 19.00 – 20.00 Tanja	Kickbox Workout 19:00 – 20:00 Flo / Sebastian		
	Yin Yoga 19.50 – 20.50 Tanja		Boot - Circle 20.05 – 21.05 Tanja			

- Kurse finden an einer Teilnehmerzahl von 5 Mitgliedern statt!
- Bitte seid pünktlich! Nach dem Start der Kurse ist kein Einlass mehr!
- Handtücher und geeignete Schuhe sind Pflicht!

Änderungen vorbehalten!

Abbildung 1: Kursplan

Zunächst fällt positiv auf, dass für jeden Kurs die **genaue Kursdauer** angegeben ist, dadurch können Kunden besser entscheiden, ob bestimmte Kurse zeitlich für sie durchführbar sind. Allerdings steht dem gegenüber negativ, dass zwischen zwei Kursen **keine Pause** eingeplant ist. Dies kann zu Problemen führen, sollte sich mal ein Kurs verspäten, bzw. führt zu Stress beim Trainer, wenn er verschiedene Kurse nacheinander gibt und im Zweifelsfall den Raum umgestalten oder Material besorgen muss. Positiv fällt weiterhin auf, dass der **Startzeitpunkt des Kursplanes** ein offenes Ende hat. Hierdurch schafft das Studio sich Spielraum für eventuelle kurzfristige Änderungen oder Neuerungen. Obwohl man sich selbst diesen Freiraum für Änderungen geschaffen hat, wird der Kursplan durch **noch nicht stattfindende Kurse** unnötigerweise verkompliziert und unübersichtlicher. Weiterhin ist festzustellen, dass es keine verschiedenen **Leistungsstufen oder Einsteigerkurse** gibt. Dies kann dazu führen, dass die Kursplanung nur schwer auf die Teilnehmer anzupassen ist, da eventuell signifikante Unterschiede der Leistung und Vorerfahrung vorliegen können. Auch die **Auslastung des Kursraumes** ist fragwürdig, so finden montags bis zum 31.12.2017 und samstags generell keine Kurse statt. Der Kursraum steht in diesen Zeiten einfach ungenutzt leer und bringt wirtschaftlich keinen Mehrwert für das Studio. Auch vormittags ist die Auslastung nicht optimal, so findet höchstens ein Kurs am Vormittag statt und an einigen Tagen keine.

4 Planung einer Wirbelsäulengymnastik

4.1 Zielgruppe

Tabelle 1: Zielgruppe

Gruppengröße	Maximal 15 Personen
Geschlecht	Männlich und weiblich
Alter	Ab 16 Jahre
Leistungsstufe	Einsteiger, keine Vorerfahrung nötig

4.2 Material

Jeder Teilnehmer benötigt:
- Eine Gymnastikmatte

4.3 Stundenplanung

Tabelle 2: Begrüßung und Warm Up

Begrüßung: ca. 2 Minuten

Warm Up: ca. 4 Minuten

Ziel der Übung	Übungsbezeichnung/ Name der Übung	Übungsbeschreibung	Belastungsgefüge	Bemerkungen/Hinweise
Übergang vom Alltag zum Training, mentale Einstellung auf Training	March auf der Stelle mit Hebung und Senkung der Arme	-Marschieren auf der Stelle -Atmung kontrollieren -Atmung an Armbewegung anpassen (einatmen beim heben, ausatmen beim senken)	8 Takte	
Mobilisation des Herz-Kreislauf-Systems	Side to Side	-Gebeugte Beine, leicht Außenrotation der Füße -Gewicht wird auf ein Bein verlagert, und die Beine anschließend gestreckt, der Fuß des andere Beines tippt den Boden an -Füße abrollen	8 Takte	Auf korrekte Abroll-technik achten
Mobilisation des Schultergürtels	Side to Side + Schulterkreisen	-Beinbewegung bleibt -Schultern kreisen nach vorne und hinten	-8 Takte jeweils in beide Richtungen	
Allgemeine Erwärmung des Körpers	Step Touch	-Aus der Grundstellung wird zu einer Seite geöffnet - Das andere Bein zieht nach und tippt neben dem Standbein auf -Wechselseitig ausführen	8 Takte	
Allgemeine Erwärmung des Körpers	Step Touch + Bizeps Curls	-Beinbewegung bleibt -Unterarme werden Richtung Brust gezogen und gesenkt	8 Takte	
Allgemeine Erwärmung des Körpers	Double Step-Touch	-Ähnlich wie Step Touch -Bein öffnet, anderes zieht nach, Bein öffnet erneut, wieder nachziehen und Seitenwechsel	16 Takte	
Allgemeine Erwärmung	Leg-Curl	-Gewichtsverlagerung ähnlich zum Side to Side -Fuß des freien Beines wird durch Beugung des Kniegelenks zum Gesäß gehoben, danach den anderen Fuß heben	8 Takte	

Tabelle 3: spezielles Warm Up

Spezielles Warm Up: ca. 4 Minuten

Ziel der Übung	Übungsbezeichnung/ Name der Übung	Übungsbeschreibung	Belastungsgefüge	Bemerkungen/Hinweise
Mobilisation der Halswirbelsäule	Kopf rollen	-Aufrechter Stand -Kinn wird zur rechten Schulter gezogen -Im Anschluss über die Brust zur linken Schulter pendeln	Pro Seite 10 Wiederholungen	Bewegung sollte kontrolliert ausgeführt werden
Mobilisation der seitlichen Rumpfmuskulatur	Seitbeugen	-Ausgangsposition ist der Stand -linker Arm wird senkrecht über den Kopf gestreckt -nun den Oberkörper zur rechten Seite beugen, dabei ausatmen -wechselseitig ausführen	Pro Seite 2x für 15 Sekunden halten	Aufpassen das nur der Oberkörper die Beugung macht, und der Stand sich nicht verändert
Mobilisation der rückseitigen Rumpfmuskulatur	Katzenbuckel	-Ausgangsposition ist der Vierfüßlerstand -Die Wirbelsäule maximal möglich nach oben wölben und wieder in ihre neutrale Position führen	10 Wiederholungen	Auf Ruckengerechtes zum Boden gehen achten
Mobilisation der Rumpfwirbelsäule, Speziell der Lendenwirbelsäule	Beine seitlich ablegen	-Ausgangsposition ist die Rücklage -Schultern am Boden fixieren, die Beine sind angewinkelt -Die Beine nun zu einer Seite seitlich ablegen, dabei die Hüfte stabil lassen -Wieder in die Ausgangsposition und zur anderen Seite ausführen	15 Wiederholungen pro Seite	Auf einen Rückengerechten Wechsel vom Vierfüßlerstand zur Rücklage achten

11/16

Tabelle 4: Hauptteil

Hauptteil: ca. 25 Minuten

Ziel der Übung	Übungsbezeichnung/ Name der Übung	Übungsbeschreibung	Belastungsgefüge	Bemerkungen/ Hinweise
Kräftigung rückseitiger Muskelgruppen	Beckenheben (Schulterbrücke)	-Ausgangsposition ist die Rücklage -Beine sind angewinkelt und die Füße aufgestellt -Die Arme liegen seitlich neben dem Oberkörper -Das Becken wird nun angehoben bis Oberschenkel und Oberkörper eine Linie bilden	3x für 20 Sekunden halten	
Kräftigung gerader Bauchmuskulatur	Oberkörper heben (Gerader Bauch-Crunch) (dynamisch)	-Ausgangsposition ist die Rücklage -Beine sind angewinkelt und Füße aufgestellt -Oberkörper auf- und wieder abrollen	3x für 20 Sekunden durchführen, individuelles Tempo	Darauf achten, dass der Kopf nicht zu weit Richtung Brust gezogen wird
Kräftigung der Bauchmuskulatur	Oberkörperheben schräg in Rücklage (Schräger Crunch)	-Ausgangsposition ist die Rücklage -Beine wie beim Oberkörper heben -Oberkörper diagonal nach rechts und links auf- und abrollen in Richtung der Knie	3x Sekunden durchführen, Individuelles Tempo	Auf Kopfhaltung achten Ellenbogen klar Richtung Knie ziehen
Kräftigung der rückseitigen Rumpfmuskulatur	Oberkörperheben aus der Bauchlage (statisch)	-Ausgangsposition ist die Bauchlage -Gesäß anspannen und Becken zum Boden kippen -Arme in U-Haltung neben dem Kopf -Oberkörper anheben	3x für 20 Sekunden halten	Körperspannung halten und Kopf in neutraler Haltung lassen
Kräftigung der Bein- und Rumpfmuskulatur	Unterarmstütz + Beinheben	-Ausgangsposition ist die Bauchlage -Die Ellenbogen sind aufgestellt, die Beine gestreckt und die Füße aufgestellt -Gesäß und Bauchmuskulatur anspannen und Körper vom Boden abheben	3x für 20 Sekunden halten Dabei dynamisch abwechselnd die Beine um eine Fußlänge anheben	Darauf achten das kein Hohlkreuz entsteht

12/16

Tabelle 5: Hauptteil (Fortsetzung)

Ziel der Übung	Übungsbezeichnung/ Name der Übung	Übungsbeschreibung	Belastungsgefüge	Bemerkungen/ Hinweise
Kräftigung seitlicher Bauchmuskulatur	Seitstütz	-Ausgangsposition ist die Seitstützposition -Beine sind im Kniegelenk ca. 90° gebeugt und die Unterschenkel auf dem Boden fixiert -Der Ellenbogen ist direkt unterhalb der Schulter -Die Hüfte nun maximal anheben und halten	Pro Seite jeweils 3x für 15 Sekunden halten	Auf nach vorne gerichteten Blick achten Hüfte auf Streckung halten
Kräftigung des Gesäß und der rückseitigen Rumpfmuskulatur	Diagonales Arm- und Beinheben im Vierfüßlerstand (statisch)	-Ausgangsposition ist der Vierfüßlerstand -Diagonal werden Arm und Bein angehoben bis sie in Verlängerung des Rückens sind -Im Anschluss rückführen zur Ausgangsposition und Seitenwechsel	Pro Seite jeweils 5x für 15 Sekunden halten	-Hände unter den Schultern -Knie unter der Hüfte -Bauchspannung halten -Hüfte stabil halten

Tabelle 6: Cool Down II und Verabschiedung

Cool Down II: ca. 8 Minuten

Ziel der Übung	Übungsbezeichnung/ Name der Übung	Übungsbeschreibung	Belastungsgefüge	Bemerkungen/. Hinweise
Langsames ausklingen des Training, lockern der Bauchmuskulatur	Bauchdehnung	-In Rücklage Arme nach oben und Beine nach unten strecken	2x 25 Sekunden lang strecken	Keine Verkrampfungen
Lockern der Gesäßmuskulatur	Gesäßdehnung	-In Rückenlage die Beine aufstellen -Das linke Bein auf dem rechten Oberschenkel ablegen und mit beiden Armen den rechten Oberschenkel zum Körper ziehen, anschließend Seitenwechsel	Pro Seite jeweils ca. 30 Sekunden lang statisch halten	Ruhige Atmung
Lockern und Dehnen der Oberschenkelmuskulatur	Dehnung der Oberschenkelmuskulatur in Rücklage	-In Rücklage, ein Bein auf dem Boden, das andere in die Luft gestreckt -Mit beiden Händen das obere Bein umfassen und Richtung Rumpf ziehen -Seitenwechsel	Pro Seite jeweils ca. 30 Sekunden den statisch halten	Bein wird leicht gebeugt zum Rumpf gezogen
Lockern und Dehnen der seitlichen Bauchmuskulatur	Beine ablegen	In Rücklage werden die Beine aufgestellt -Beine werden nach rechts und links auf dem Boden abgelegt	Pro Seite jeweils ca. 30 Sekunden den lang statisch halten	Rücken und Schultern auf dem Boden fixieren

Tabelle 7: Cool Down II und Verabschiedung (Fortsetzung)

Ziel der Übung	Übungsbezeichnung/ Name der Übung	Übungsbeschreibung	Belastungsgefüge	Bemerkungen/. Hinweise
Lockern und Dehnen der unteren Rumpfmuskulatur	Untere Rückendehnung	-In Rücklage beide Beine Richtung Rumpf angezogen -Beine mit den Armen umfassen und leichtes Pendeln von rechts nach links	2x 30 Sekunden lang hin und her pendeln	Langsames und kontrolliertes Pendeln
Lockern und Dehnen der Hüftbeugemuskulatur	Dehnung der Hüftbeugemuskulatur im Kniestand	-Ausgangsposition ist der Kniestand -Ein Bein steht vor dem Körper, das Kniegelenk ist ca. 90° gebeugt, das andere Bein liegt mit dem Fuß und kompletten Unterschenkel hinter dem Körper auf dem Boden -Körperschwerpunkt wird nun nach vorne verlagert, Oberkörper bleibt aufrecht	Pro Seite jeweils für 30 Sekunden halten	Rückengerecht in den Kniestand übergehen
Lockern und Dehnen der Nackenmuskulatur	Nackenmuskulatur dehnen	-Ausgangsposition ist der Stand -linke Hand greift über den Kopf an das linke Ohr -Kopf wird gebeugt und mit leichtem Druck gedehnt -Im Anschluss Seitenwechsel	Pro Seite jeweils ca. 30 Sekunden halten	Rückengerecht aufstehen Aufrechter Stand Nicht Zuviel Druck auf den Nacken ausüben
Abschluss der Stunde	Bewusstes Ausatmen	-Ausgangsposition ist der Aufrechte Stand -Arme seitlich über den Kopf anheben, dabei einatmen -Arme seitlich absenken, dabei ausatmen	4-8x Wiederholen	Tiefes ein- und ausatmen

Verabschiedung: ca. 2 Minuten

4.4 Begründung

Der Ablauf des Hauptteils wurde so geplant, dass vom leichtem zum schweren trainiert wurde. Dies wurde maßgeblich an der Schwierigkeit der Übungen festgelegt. Ziel war es mit zunächst koordinativ leichteren Übungen Sicherheit zu vermitteln und alle Teilnehmer mitzunehmen ehe die Übungen anspruchsvoller wurden und weniger trainierte an ihre Grenzen stoßen. Anfänger könnten von einer umgedrehten Reihenfolge eher überfordert werden und die Übungen nur halbherzig mitmachen. Die Übungen wurden so gewählt, dass bekannte Übungen wie der Bauch-Crunch zu Beginn durchgeführt wurden, da Anfänger diese oft kennen und wenige Probleme mit der Ausführung haben. Des Weiteren wurde Wert darauf gelegt, dass die Position nicht unnötig oft gewechselt wird, sondern in einer Ausgangsposition gleich mehrere Übungen nacheinander absolviert werden um den Stressfaktor gering zu halten. Dadurch sollte auch gleichzeitig eine Art Roter Faden durch die Stunde entstehen (Eifler, 2016, S. 75).

5 Literaturverzeichnis

Eifler, C. (2016). *Studienbrief Gruppentraining I* – (Rev. 16.019.000). Saarbrücken: Deutsche Hochschule für Prävention und Gesundheitsmanagement.

6 Abbildungs- und Tabellenverzeichnis

6.1 Abbildungsverzeichnis

6.2 Tabellenverzeichnis

.